추억 속의 수채회

김 재 기 제10시집

호脈

추억 속의 수채화

책머리에

대장간 불가마에 달군 쇠붙이를
수없이 연마하여
필요한 도구로 탄생시키듯
건져올린 시어를
감성적 언어로 수놓아 독자에게
감동을 줄 수 있는
한 권의 시집을 완성하기 위해선
거듭된 퇴고 작업을 통한
각고의 노력이 필요함은
부인할 수 없는 자명한 사실이다
한계점을 극복하며
이번 제10시집 추억 속의 수채화를
출간하게 됨은
나만의 의지와 개념을 초월한
매 순간 지혜의 등불이 되어주신
하나님의 은혜라 여기며
모든 감사와 영광 돌려드린다

2025년 3월

靑野 김 재 기

차례

책머리에 / 김 재 기

 **가을 운동회**

12 · 가을 운동회
14 · 새마을 운동
16 · 청보리 향수
17 · 단수수
18 · 물수제비 추억
20 · 추억의 완행열차
22 · 그리운 고향역
24 · 할머니의 땀방울
25 · 모정의 향수
26 · 아버지의 봄 소풍
27 · 불효자의 고백
28 · 혈육의 정
29 · 심포항
30 · 외줄타기 농심

 **물과 바람**

32 · 물과 바람
34 · 보릿고개
35 · 은평 신사고개
36 · 달동네
38 · 이웃사촌
39 · 경인아라뱃길 나들이
40 · 무공해 세상
41 · 마중물
42 · 시인의 오감
44 · 화려한 오미의 만찬
46 · 무정한 세월
47 · 슬픈 애창곡
48 · 웃음은 보약
50 · 한마음 동심 여행

차례

 **3부 추억 속의 수채화**

54 · 추억 속의 수채화
55 · 애정의 숲
56 · 숲속의 향연
58 · 참나무 가족
59 · 산행 일지
60 · 축복의 땅 하늘공원
62 · 원주 문학 기행
64 · 무의도 연가
66 · 모정의 바다
67 · 고난의 열매
68 · 무명초
69 · 잡초 인생
70 · 무공해 여정
71 · 생명이 숨 쉬는 개울

 **4부 잊힌 풍경**

74 · 잊힌 풍경
76 · 바람의 경고음
77 · 먹구름
78 · 안전 불감증
79 · 전공의 갈등
80 · 정도의 길
82 · 소망을 품다
84 · 바윗돌
85 · 수호천사 바람
86 · 해후
88 · 세월아!
89 · 행복 지표
90 · 언약의 길
92 · 공수래공수거 인생

차례

 **세월의 덫**

96 · 세월의 덫
97 · 조약돌
98 · 길 잃은 계절
99 · 파이팅! 대한민국
100 · 소망의 열쇠
102 · 등잔불
104 · 필승 코리아
105 · 황혼의 꿈
106 · 이정표
108 · 화려한 이별
109 · 엇박자 정국
110 · 유형별 81가지 물 타령
113 · 유형별 133가지 수 타령

1부
가을 운동회

가을 운동회

엿장수 가위 장단 소리
골목길 흥을 돋우고

시골 장터 들썩이던
약장수 볼거리가 전부였던
그 시절

초등학교 가을 운동회는
가장 인기 좋은 축제였지

관람하기 편한 위치 차지하랴
꼭두새벽
돗자리를 든 행렬
북새통을 이뤘지

영차영차 이겨라 이겨라
연발 외쳐대는 응원 열기
지축을 흔드는 동안

저학년 대형 공굴리기
상급생들 기마전과
줄다리기 게임 펼쳐졌지

마지막 피날레 장식하는
릴레이 경주

지구가 떠나갈 듯한 전교생
함성 소리
반세기 훌쩍 지난 지금도
귓전을 맴돈다

새마을 운동

달빛 조명 삼아
골목길 누비며
동화 속 주인공을 꿈꿨던

단발머리 소녀와
까까머리 소년

다산이 부의 상징인 양
한 지붕 아래
옹기종기 모여 살던 시절

비좁은 초가삼간
감히 엄두도 못 낼
교육혜택

삶의 욕구 반영한
산아제한 포고령과
범국민 새마을운동 정책

새벽종이 울렸네
새아침이 밝았네
너도나도 일어나

새마을을 가꾸세
살기좋은 내 마을 우리 힘으로 만드세

청보리 향수

아동의 풀피리 소리
정겹게 들려오던 풋풋한
청보리밭

어엿한 크기로 자라
여물어 가는 짙푸른 물결

뜬구름 흐르는 평화로운
창공에 참새 떼 날고

고추잠자리 앞세운
큰밀잠자리 한 맺힌
보릿고개 떠올리며

검게 타버린 깜부기
맴돌며
진한 위로의 윙크 보낸다

단수수

자정을 알리는 오포대
사이렌 소리
별빛 쏟아지는
대나무 숲속으로 사라지면

불침번을 자청한 솔부엉이
부엉부엉 목청 다듬으며
긴긴밤 지새웠지

풀벌레 소리 운치를 더하던
고모님 댁 앞마당
줄줄이 키 재기 하던
단수수

군것질거리 없던 그 시절
동심 유혹하던 별미 간식

단물 아낌없이 내어주던
달달한 정
옛 친구 그립듯 무척 그립다

물수제비 추억

사춘기 소년의 마음
설레게 했던 붉게 수놓은
연꽃밭

행여 화려한 꽃송이
상처 입힐세라
꽃송이 없는 곳을 향해

매끄러운 조약돌 날리며
물수제비
삼매경에 빠졌지

타다닥 탁탁
과녁인 수면 위로
연타로 튕겨 나가며

점수를 올릴 때마다
관중석 연꽃들이
일제히 탄성을 질렀지

하굣길 친구들과 어울려
놀이하던 물수제비

이젠 이제는 까마득한
먼 옛날
조약돌 튕겨 가듯
멀어져 갔느니

추억의 완행열차

청운의 부푼 꿈 가득 실은
서울행 완행열차

경부선과 전라선 호남선이 만나
가락국수에 허기 달랬던
서대전역 플랫폼

어둑컴컴한 난간
매달릴 공간조차 없어
객실 선반에 구부려 누운 사람들

비좁은 공간 속에서도
귀를 호강시켜 주던 구수한 목소리

땅콩이 왔어요
고소한 땅콩이 왔어요
계란이 왔어요
삶은 계란이 왔어요
천안의 명물 호두과자가 왔어요

먼동이 트도록
간이역마다 멈춰 서며

민중의 발이 되어 준
서울행 완행열차

오늘도 철마는
더 빠른 속도로
번영의 철길을 달린다

그리운 고향역

상행선 도착을 알리는 신호기 오르자
긴 꼬리 완행열차
칙칙폭폭칙칙폭폭
검은 연기 내뿜으며 플랫폼 향해
힘겹게 돌진해 온다

출세를 위해 만원 객차에 몸을 싣고
도시로 떠나는 사람들
고향이 그리워 다시 찾아오는 사람들
늘 북새통을 이뤘던 고향역

허기진 민생고 만큼이나
속도도 느릿느릿
밤새워 달리던 증기기관차

문명의 발달을 대변하던
중급행 디젤기관차

부강 대한민국을 알리는
새마을호에 이어

고도의 과학 기술이 빚어낸
초고속 ktx
오늘도 힘차게 달린다

할머니의 땀방울

동여맨 머릿수건
뚝뚝 떨어지는 땀방울

뙤약볕 밭일에
녹초가 되도록
황소처럼 일만하셨던
무쇠 같은 할머니

서산에 뉘엿뉘엿
해 기울어서야
호밋자루 거두시고
발걸음 떼셨던 할머니

밭두렁만큼
퉁퉁 부어오른 두 눈
펴보지 못한
굽어진 허리

귀갓길 기우뚱대며
오리걸음 걸으셨던
숭고하신 나의 할머니

모정의 향수

함박눈 펑펑 쏟아지던
설경 속

식솔들 끼니 챙기시랴
머릿수건 동여매고
수북이 쌓인 눈밭에서
땅속에 묻어 둔 무며
김치 꺼내시어

구수한 가마솥 밥에
정성들여 차리신 밥상

한파가 몰아치는
이 저녁

인자하신 어머니 모습
사무치게 떠오른다

아버지의 봄 소풍

부처님 오신 날
울 아버지
용신리 장지로 봄 소풍 떠나셨다

신의 증표일까 태어나실 때
오른팔에 문신처럼 새겨진
파란 북두칠성

생전에 국악 발전은 물론
국궁에도 기여한 공로가 크신
울 아버지

오늘따라 하늘도
울적한 내 마음 아시는지
위로의 눈물 흘려 주신다

지금쯤 하늘나라에서도
국악을 삶의 일부로 즐기고 계실
울 아버지

아버지 떠나신 세월만큼
그리움도 오랜 세월 머물러
서글픔만 더합니다

불효자의 고백

바쁘다는 핑계로
가난이란 이유로

자신의 안위만을 추구하며
살아온 세월

무관심이 부른
불효자의 오명

그 오명 천추의 한으로
멍든 가슴에 낙인 찍혔느니

살아생전 효도하지 못한
태산 같은 은혜의 빚
갚을 길 없어

이 죄인은
속죄의 눈물 흘리며
망연자실 허공만 바라봅니다

혈육의 정

눈망울에 맺힌 그리움
어이 지우랴
황소바람 세차게 불어온다

곁에 있지 않아도
분신이랴
영혼 속 맴도는 혈육의 정

명절 때면 더더욱 떠오르는
인자하신 부모님

텅 빈 허전함 채워 주랴
둥지 찾아 모여든
살가운 자식들

도란도란 얘기꽃 피우다
떠나간 빈자리

눈망울에 맺힌 여운 자꾸만
아른거린다

심포항

새만금 방조제에 묻혀
그리움도 말라버린 서해
심포항

뱃고동 소리 반겨 주며
적막을 깨우던
망해사 풍경소린 여상건만

귀 익은 풍경소리
장단 삼아
해무를 쪼아대던 바닷새
기척조차 없고

옛 추억 떠올리며
서해랑길 걷노라니
옛 자취 오간 데 없다

농경문화 꽃피워
지평선 일궈 낸 벽골제
선조들의 지혜와 전통 알리랴

장엄하게 우뚝 선 쌍룡
옛 정취 말해주고 있다

외줄타기 농심

트랙터 굉음 가득한
황금 들녘

수확기 앞두고 생산비에도
못 미치는 쌀값 하락

풍년가가 울려야 할 들녘
피땀 흘려 가꾼 작물
오죽하면 갈아엎을까

변동가 없는 구매
소비자의 마음도 편치만은 않으리

흰 쌀밥에 눈 부셨던 시절
떠올리며

대량 수매하여 어려운 농촌
도울 수만 있다면
깊어진 한숨 멈춰지련만

2부

물과 바람

물과 바람

세월의 이름표
그 이름은 흐르는 물
유수라 하네

유소년 시절
꿈으로 가득 찬
신비스러운 계곡물

청장년 시절
지적인 삶을 추구하며
낭만을 노래하던 개울물

노년 시절은
마음 비우고
유유자적 흐르는
강물이라 부르네

세월의 동반자
그 이름은 바람이어라

유소년의 바람은
꽃망울 터트리는
감미로운 봄바람

청장년의 바람은
가족 부양을 위한
고결한 순풍

노년의 바람은
억새밭 스치며
겨울을 재촉하는
외로운 갈바람

보릿고개

하루 두 끼도 버거워
끼니를 거르던 시절

흉작이 부른 허기진 가난
치유 방법은 무엇이랴

식솔들의 궁핍한 민생고
다산만이
묘책은 아니었으리

보리죽도 귀하던 오뉴월
수심 가득한
농군의 얼굴빛

어떠한 고난과 역경도
하늘의 뜻이라 여긴
순박한 농심

콩 한 조각도 나눠 먹던
후덕한 이웃 인심

그나마 기댈 수 있어
세상 시름 잊었으리

은평 신사고개

숨이 차도록 버거운 길

지친 내색 감추며
이웃과 정담 나누던

변두리 도시민의 애환과
꿈이 교차하는 고갯길

여름 한나절
세차게 퍼붓던 작달비

활주로 미끄러지듯
떠나고픈 오르막길

저 너머 봉산의 요람
치유의 편백나무 숲

꽃향기 새 울음소리는
여상하건데

고갯길 버겁다 어이
발길 멈추리오

달동네

꽁보리밥에 허기 달래던
암울했던 그 시절
주마등처럼 스쳐간다

올망졸망 늘어선 달동네 판자촌

달빛도 피하고픈 공중화장실
발 동동 구르며 줄 서있던
가난한 민초들

콩나물시루에 숨 막히던
출퇴근 시간
아슬아슬 매달려 출발을 외치던
시내버스 안내양

배부른 세상 만나
더 채우고 싶은 욕망
채우지 못한 허탈감 때문이랴

세상이 온통 어둠에 갇혀
난리법석들이다

어른 공경 예의범절 우선시하던
뿌리 깊은 민족

어떠한 고난과 역경
엄습한다 할지라도

선열들의 강인한 유지 받들어
정도의 길 걸을지니

이웃사촌

언어와 문화 풍속은 달라도
우리는
한겨레 배달민족

조상 대대로 뿌리내린
고향 집성촌

세월길 따라
출셋길 따라
저마다 뿔뿔이 흩어져

얽히고설킨 타관살이
정붙여 사노라니

머문 곳이 고향이랴
옛 친구 옛 동산
그리운 향수 잊겠거니

일가친척 따로 있소
정 많은 이웃사촌 이웃이
친척인걸

경인아라뱃길 나들이

허공에 연초록 물들인
천연덕스런 메타세쿼이아

초입에 이 열 횡대로 우뚝 서
봄나들이 상춘객 맞이하네

강둑 천연 바위 폭포
유람선 뱃고동 소리에 화답하듯

장엄하게 쏟아 내려
가히 손색없는 진풍경
연출하누나

경인아라뱃길 따라 황무지
불모지란 오명 씻고
새로운 명소로 떠오르는
야생화 단지

봄볕에 눈 맞춤하며 함초롬히
피어 있는 각양각색의 야생화

발길 닿는 곳마다
옛 친구 만난 듯 반겨주네

무공해 세상

후드득후드득
가뭄의 허기 달래 주던
고마운 소나기

먹구름보다 더 오염된
세속의 번뇌 씻겨줄 양

천둥 번개 동반한
당당한 기세

우렁찬 행군 나팔
번뜩거리는 예리한 불빛

호된 질타에 맥없이
주저앉은 망나니 공해

산뜻하게 정화된
쾌청한 지면 위로
초록 물결 싱그럽다

마중물

토양을 기름지게 하는
청량제

갈증 해갈시켜 주는
단비와도 같은 존재

생명수 끌어 올리는
마중물 같은 삶
살아본들 어떠리

평화 수호하는
숭고한 애국정신과

참된 가르침으로
깨우침을 주신
스승님의 심정으로

세상에 기쁨과 유익을 주는
한줄기 마중물이고 싶다

시인의 오감

시인의 시각은
거친 언어를 새롭게 조탁하여
꽃길 밝혀 주는
자유로운 영혼의 나침판

시인의 청각은
세미한 바람의 흐느낌에도
슬퍼할 줄 아는 감성의 통로

시인의 후각은
향기 없는 꽃 속에서
향기를 느낄 수 있는
풍부한 상상력을 초월한
서정적 산실

시인의 미각은
예술적 오묘한 맛에
항상 깨어 있는 연금술사

시인의 촉각은
온갖 미사여구를 건져 올려
메마른 정서 단비로 적셔

가슴으로 피워 낸
한 송이 들국화

화려한 오미의 만찬

느껴지는 식감도 식성도 모두 다르리
단맛 짠맛 신맛 쓴맛 매운맛
남녀노소 불문하고 유독 기호식품만을
선호함이랴

식성이 왕성한 식도락가는
음식을 두루 섭렵하는 반면
입이 고급이라 칭하는 미식가는
특별한 음식과의 만남을 위해
먼 길 마다하지 않으니

오미 외에도 다양한 맛이
구미를 자극하며 유혹하지

고소하고 구수한 맛
톡 쏘는 알싸한 맛
농익은 농촌의 무공해 맛

그 외 고상한 감칠맛을 더하는
선조들의 정성이 깃든 전통 음식

신체 건강에 유익한 영양식
골고루 시식하고 섭취하여
무병장수 만세! 백세 청춘 만만세!

무정한 세월

바람 불던 어느 날
물속 깊이 잠겨
기척도 안 하던 세월

무정한 그 세월
무엇이 그리도 급했던지
무심코 흐르는 물길 따라

바람조차 추월하며
화살보다 더 빠른 속도로
모질게 질주한다

달리는 세월의 종착역은 어디랴

돌연 눈 떠보니
눈부시던 일출은 사라지고

황혼 녘 노을빛 머금은
얄궂은 세월만
서산마루
외롭게 걸려있네

슬픈 애창곡

깍깍, 깍깍
창밖 허공을 울리는
까마귀 우짖음

짝 잃은 설움의
가슴앓이인가

세월 떠나보낸 이별의
곡조인가

속내 감추지 못해
터트린 눈물보인가

한사코 제자리 맴돌며
우짖는 사연

어느 누구를 향한
슬픈 하소연이랴

바람이 몰고 온
위로의 빗방울
주룩주룩 허공을 적신다

웃음은 보약

스트레스 호르몬 감소
혈액순환 개선 면역체계를
강화시켜 주는 웃음

어떠한 불치병도
치료해 주는 기적의 명약

모진 병마와 투병 중에
웃음으로 완치 판결을 받은

미국 국적의 유명 인사
노먼 커즌스

완벽한 약국이 우리 몸에 있음을

여러 경로를 통하여 알려진
웃음 치료법

웃으면 복이 와요
우리 속담에도 있듯

활력소 넘치는 호탕한 웃음
터트려
백 세 청춘 누려보세

한마음 동심 여행

곤돌라에 뜨거운 우정
가득 싣고
소백산맥 33경
향적봉에 오르니

꿈인 듯 장엄하게 펼쳐진
초록 절경에
감탄사 절로 난다

별빛 밤하늘에
낭만을 꿈꾸던 새싹들

책보자기 둘러메고
십리길 마다않고 달렸던
교정

임자 없는 무주공산
덕유산 길손 되어

천진난만했던 옛 친구들
우정 보따리
풀어 헤치니

행복의 웃음보 터져
계곡마다
철철 넘쳐흐르네

3부
추억 속의 수채화

추억 속의 수채화

수탉 홰치는 소리 그립던
새벽녘
창밖에 펑펑 눈이 내린다

여명黎明의 정적을 깨우는
낯익은 바람 소리

심전心田에 머물며
허허로운 가슴 다독이며
설레게 한다

먼동 틀 무렵
눈 덮인 설경 위로

낮은 포물선 그리며
옛 추억 떠올리던
까치 한 쌍

포플러 잎새 나풀거리던
먼 둥지 찾아
훨훨 날아간다

애정의 숲

솔바람에 화답하랴
하얗게 꽃피운 산딸나무

진한 연모의 정
어이 못 해
너털웃음 짓더니

자귀나무 불타는 꽃 속으로
아린 가슴 파고든다

꽃이 붉다 하여
그리움 어이 잊히랴

누군가 사뭇
그리울 때면

숲속 향기에 취해
사색에 잠겨 본들 어떠리

숲속의 향연

거룩한 성전 푸른 숲속
바람이 가한 돌직구 못 견뎌
좌충우돌 뒤엉킨 우직한 거목들

무간지옥 연출하듯
울울창창했던 푸른 꿈 잊은 채
벌거벗은 몸뚱이 되어
침묵 중이다

자연의 조화에 일조하랴
통 크게 받쳐 든
어린 나뭇가지들조차
힘겨움에 신음 중이다

평정을 잃어버려
숲속 보금자리 떠난 산새들
정든 숲 못 잊음에 다시 돌아와

썩어 거름이 되어
새 숲 이루라
주저리주저리 읊어 대며
조언을 해 댄다

여름 한나절
피톤치드 삼림욕 하던
이름 모를 야생화 이에 화답하랴
보랏빛 축포를 터트린다

참나무 가족

용의 형상을 띤
길게 뻗은 참나무 뿌리

세월의 규살 박힌 마디마다
땅 위로 솟아

금세라도 꼼지락 대며
승천할 기세다

모양새도 흡사한
육 형제 참나무 군락지

갈참 굴참 떡갈 상수리 신갈 졸참

다복한 가정 경축하랴
초대 받은
다람쥐와 청설모

새처럼 날며 한껏
재주 부리다
도토리 한 알 툭 떨어뜨린다

산행 일지

둘레길 자락 길 뒤로하고
저 멀리 보이는 정상 향해
사력을 다해 오른다

가파른 비탈
험난한 산행 길

힘든 산행 위로하듯
꿀맛 같은 바람 한 점
피부 깊숙이 스며들고

산새도 지저귀며 길마중 한다

정상에 올라 성취감에
젖노라니
하늘빛이 온통 푸르다

축복의 땅 하늘공원

먼지와 악취로 가득했던
매립지 난지도
더럽던 오명 말끔히 단장하고
거듭난 하늘공원

구름이 구름을 이고 흐르는
천상의 낙원

은빛 물결 억새꽃 축제에
신바람 난
노랑나비 제비나비
훨훨 춤추며 허공을 날고

노을공원 넘나들며
연정을 품던
황조롱이 꼬까물떼새
연발 콧노래 부르며
흥을 돋운다

민족의 명산 북한산이 감싸주고
기적 이룬 한강
지척에 흐르니

이곳이 축복의 땅
세계 속 으뜸 명소로세

원주 문학 기행

세월 속에 묻혀버린
억겁의 흔적

현계산 기슭 거돈사지
옛 자취만 남긴 채

그리움의 가슴앓이랴
스치는 바람에도
묵묵부답 이여라

황장목 숲길 따라
치악산 휘도는
청량한 계곡물

구룡사 노승의 염불 소리
아랑곳없이
뉘 만나랴 저리도
서두르며 흐르는가

자연의 이치
토지의 자양분 삼아
대하소설 엮으신
여걸 박경리 작가

그 넓으신 도량
마른 가슴 적셔 주시네

무의도 연가

꿈과 희망의 요람지
영종도와
형제의 인연을 맺은
천혜의 섬 무이도

오묘하고 절묘한 갯바위 절경
한 폭의 진풍경에
잰걸음 멈춰서니

바위틈에 뿌리 내린
등 굽은 나무들
만산홍엽 되어
산책로 길 밝힌다

밀려가던 파도 소리
구슬피 울어대던 흰갈매기 떼
눈물 그칠 겨를 없이
훨훨 날며 반겨준다

지평선 연상케 하는
드넓은 개펄

무수한 생명체
가을 햇살 눈 맞춤에
신바람 났다

모정의 바다

휘영청 비친
달빛 아래

오르지 굳센 신념만으로
포효하는 바다

이 밤도 어김없이
거센 파도 일으켜

갈매기 안식처
제공하랴
모난 돌 매끄럽게 다듬어
천혜의 예술작
조약돌을 만든다

파도에 항명하듯
등 돌렸던 모난 돌

이제는 이리저리 구르며
재롱을 부린다

고난의 열매

고풍스런 자개장
부를 상징하던 시절

고봉밥에 허기 채우랴
품삯 없는
궂은일 마다않고
온종일 똥지게 지고
비틀거리던
이웃 장씨 아저씨

빈곤의 무게만큼
버겁던 고난의 십자가

가난의 유산 물려주지
않으려
인고의 세월 견디며
뿌려진 자양분

가난의 설움 잊으랴
기름진 전답 위로
송홧가루 날려 온다

무명초

눈길을 끄는
진귀한 꽃 아닐지언정

견고한 뿌리 내려
삶을 지탱해 주는

한줄기 소나기면 족하고

외로울 때 친구해 주는
한 점
바람이면 족하리

세상 시름일랑
뜬구름에 실려 보내고
허허롭게 살지니

잡초 인생

높새바람 어이 감당하랴
갈라진 담벼락 틈새로
뿌리 내린 풀 한 포기
의연하게 자라고 있다

식물도 생명의 소중함을
알고 있을까
자연과 소통하고 있는 걸까

과연 나는 저 풀보다
고귀한 삶을 살고 있을까

변화무쌍 굴곡진 인생길
인생사 새옹지마 아니던가

오욕도 격식도 모른 채
자유분방한 잡초처럼
티 없이 살면 그만인 것을

무공해 여정

도도히 흐르는 골짝
수면 위로
평화의 숨소리 들린다

사치와 허영심 없는
머무르고 싶은
태초의 숲속

먼 여정길 묵묵히
휘돌다

예상치 못한
협곡의 도사림
한낱 풍광이라 여기며

뜬구름 벗 삼아
정처 없이 흐르는
나는 진정한 자유인

생명이 숨 쉬는 개울

리듬을 조율하며 흐르는
물소리 장단 삼아
풍류를 즐기는 물고기 떼

농수로 통해 끌어 올린
천연 활성제
광활한 농토 흠뻑 적셔
황금물결 일색이다

생명체의 요람 천혜의
안식처 떠나
더 넓은 바다 향해
닻을 올린 일등 항해사

쉼 없이 흐르는 생명수
그대는 정녕 진정한 선구자

4부
잊힌 풍경

잊힌 풍경

한 시대를 풍미했던
걸음걸이 해학

일정한 보폭 바른 자세
일자 걸음 아랑곳없이

권세의 상징 팔자걸음
뒷짐 지며 헛기침
허세부린 양반 흉내

풍류를 즐기랴 쉬엄쉬엄
세월아 네월아
해지는 줄 모르는
오리걸음

세상 시름 잊히랴
한잔 술에 시름 달래며
횡설수설 비틀비틀
갈지자걸음

가난이 빚은 주정뱅이
술타령
세월의 책장 속에 묻혀
잊히고 있다

바람의 경고음

멸망을 초래하는 증오와 갈등

삭막한 세상 버거워
윙윙 소리 내며 우는 넌
필시 한 맺힌 원혼이더냐

밀치고 스치다 지쳐 소멸되는
경고음

미움의 뿌리 송두리째 뽑아
화해의 씨앗 뿌려

평화와 사랑의 결실 거두라
재촉하는 흐느낌인가

먹구름

암울함의 대명사
시련의 상징

불쾌지수 최상위

그러나
단비를 내려
풍작을 거두니

일등공신
행복지수 최상위

안전 불감증

성수대교. 삼풍백화점 붕괴
이태원 참사 세월호 침몰
무안공항 제주항공 여객기 충돌

다리 건물 거리 바다 공항
수많은 희생자를 낸
안전 불감증의 원천지이다

이토록 사고가 빈번한 까닭은
결코 운이 나쁜 탓이었을까

한 생명의 귀중함을 알기에
온 국민의 애통한 마음은 더욱
깊어지나니

억울하게 희생당한 임들의
명복을 빌며 이 슬픈 역사가
전화위복의 계기가 되어

이 땅엔 평화가
하늘과 바다에는 온갖 축복이
넘쳐 나기를 축원하오니

전공의 갈등

칠흑 같은 긴 터널
행복지수 밝혀 준
의로운 네비게이션

한 생명 소중함에
절망의 벽
명쾌하게 허물어 준
기사도 정신

촌각을 다투는
절체절명의 목숨
외면한 채
진료 공백 부른
눈 가린 네비게이션

먼 망망대해
부표 없이 표류 중이다

정도의 길

득음의 경지는 피나는 발성
연습만이
이를 수 있음이오

혹독한 훈련을 통해
얻은 기술은 경기에서
결실을 맺으리니

예술의 극치와 기적은
노력 없이
섭렵할 수 없음이라

첨단 농업 기술을 통한
농부는 풍작을 거두며

고기를 낚는 어부는
물속 동향을 파악하여
풍어를 누림이니

공평한 저울추는 말하거니
뿌린 대로 거둔다는
자명한 논리와 이치

명분이 깃든 정도의 길
그 길이 험할지언정
도전은 멈출 수 없느니

소망을 품다

광활한 지평선이 펼쳐진
시골 촌놈으로 태어나

검정물방개 노닐던 농수로
바라보며 꿈을 키웠던
유년시절 보내고

끝없는 망망대해
해군 수병 바다의 사나이로
울돌목 휘도는 거센 풍랑 속에
청춘을 바쳤다

강한 의지 하나로
수도 서울 입성하여
희로애락 인생길 걷노라니
감회도 새롭다

황금물결 출렁이던
드넓은 지평선

섬도 새의 날갯짓도 볼 수 없는
텅 빈 바다

이젠 더 넓은 세상
놀빛 곱게 물든
하늘나라 향해
마지막 소망 이루리

바윗돌

속절없이 흐르는 세월
저항하랴

생명이 멈춘
미라인 양 의식도 숨긴 채

명상의 삼매경에
빠져
함묵하는가

향기 없는 고난 수행
준엄한 경지에 이르러
태산이 되려함인가

금세라도 환생할 듯한
듬직한 자태

그대는 정녕
지구를 견고히 받쳐 든
위대한 주춧돌

수호천사 바람

허공에 떠도는
슬픈 곡절 어루만지며
울부짖는 바람아

고지를 향한 본능
가슴앓이 질주에
넋을 잃고 말았더냐

타들어 가는 목젖
물의 소중함도 잊은 채

떡잎과 가랑잎 사이
멀고 긴 세월인 양
착각하며

정녕 올곧은 신념으로
세상을 정화시켜 주는
넌 정의의 사도

바람
바람이 아니더냐

해후

높은 곳에서 낮은 곳으로
흐르는 계곡물도
서두르며 스치는 바람도

슬픈 이별 감추지 못해
울음보 터트리나 보다

물고기와 새들도
종족의 소중함을 알기에
무리 지어 다니거니

하물며 만물의 영장이랴

평생을 함께할 혈육과
지인들의 소중한 인연
어찌 귀하지 않으리오

이별 뒤의 만남
세상의 이치라 한들
예고 없이 날아온 참담한 소식
감당키 어렵거니

무심한 세월 탓해
무엇 하리오
재회의 희망 위안 삼아
그저 그렇게 사노라네

세월아!

정오의 빛보다
뜨거운 정열
억누르지 못해
한 시절 풍미했던
청춘의 봄

팔랑개비 돌듯
맘껏 돌다
멈춰 설 줄 알았던
세월아!

착각의 이름표
야윈 주름살만
남겨 둔 채

그리움도 잊으랴
무심한 촌음 속으로
사라져 가느뇨

행복 지표

허무한 인생길 굵고 짧게
살라 하네

자유로운 영혼 되어
후회 없이 살라 하네

후자는 말하거니
가늘고 길게 살라 하네

장수의 비결은
온전히 비운 마음속에
있음이라 하네

욕심의 삯은
무거운 멍에를 짊어져
결국 쓰러질 터이니

인생의 영원한 버팀목
올바른 양심 붙들고
정도의 길을 가라 하네

언약의 길

재회를 기약하는
구름 조각도
바람결에 흩어지며

한겨울 쌓인 눈도
봄볕에 녹아내려
자취를 감춘다

천 년을 살 듯한
기약 없는
나그네 인생길

바람결에 겨자씨라
비유함이니
허무함을 어이하랴

음침한 골짜기
거닐지라도
아침 안개 걷히면
새날은 오리니

동트는 태양빛 향하여
언약하신 그 길을
가리라

공수래공수거 인생

물처럼 흐르다
바람처럼
사라지는 인생

돌아보면
한낱 부질없는 것

달콤한 꿀단지
귀중한 보물단지도

때론 애물단지가
될 수 있음이
세상사 이치려니

하찮은 항아리도
필요에 따라
양식과 생명수로
채울 수 있느니

헛되고 헛된 욕심
양심의 거울에
비춰 보며

새처럼 훨훨 나는
자유로운 영혼이
되리라

5부
세월의 덫

세월의 덫

초롱초롱한 눈망울
선명한 눈빛

어느새 무거운 눈망울
희미해진
눈빛 되었거니

만물이 태동하는
봄기운 머금고
펼쳐진 꿈같은 사계

계절의 멋과 낭만에
호사를 누렸던 눈

세월에 묻혀버린
아련한 추억만큼
몹시도 흐릿해진다

조약돌

부서지는 질풍노도疾風怒濤
흰 포말 속
거친 생生 일으켜 세우랴
숨죽여 지내온 세월

좌절된 소신은
중심을 잃게 되어
삶이 무너져 내린다 하기에

바위만큼 강한
대쪽 같은 의지
낮은 자세로 엎드려
훗날을 기약 했었지

모나고 까칠한 자태
고결한 모양새로
매끄럽게 다듬어 낸
인고忍苦의 세월

그 세월이 빚은
천혜天惠의 걸작품

조약돌 인생人生

길 잃은 계절

폭염에 델세라 파란 하늘
감싸 주던 뭉게구름

뒤늦은 가을의 서막 알리랴

바람결에 그네 타듯
한 조각씩 흩어지며 위로의
퍼포먼스 열연 중이다

폭염의 위세에 눌려
철 모르고 피어대는
벚꽃이며 노란 민들레

착각의 범주를 넘어
개화의 시기를 망각함이랴

기후 변화에 항변하는
시위의 표현이랴

오오 그립다
맺힌 가슴 풀어 주던
시원한 청량제, 산들바람
그대여!

파이팅! 대한민국

덜컹덜컹 소달구지
울퉁불퉁 시골길
채찍질에 넘던 길

산업혁명 고속화에
정보화 문턱 딛고 넘어
첨단시대 도래했네

끼와 흥 넘치는
저력 있는 문화 민족

물레방아 낭만 삼아
달래 주던 향수병

디딜방아 연자방아
신명나는 방아타령

전통 민요 흥에 겨워
어깨춤도 덩실 더덩실

소망의 열쇠

아득하게만 여겨졌던
인생 종착역

석양 놀빛 바라보니
이제야 알 것만 같소

나의 존재란
정오의 빛을 바라보는
한낱 이슬방울이요

갈대밭 스치는
한 점
바람이라는 것을

마치 제구실을 다한
키다리 연필이
몽당연필이 됨을

하지만 시작과 끝을
초월한 인생길
그 무엇이 염려리오

농부가 거둔 알곡은
또다시 씨앗이 되어
수확의 기쁨 누릴 것이요

지는 노을은
내일을 위함이요
뜨는 태양은
영원불변 하리니

등잔불

빈곤으로 덕지덕지 도배했던
찌든 가난의 설움

민초들의 뼈를 깍던 번뇌
잠 못 이루던 긴긴밤

삯바느질 여인의 생계 지켜주던
인정 많은 등잔불

문틈 사이로 스며든
찬 기운까지도 막아 주랴
심지 돋우어 안간힘을 쓰던
의로운 등잔불

독보적 관념은 이기심과
망각을 불러들여
분쟁만을 일삼느니

무식한 가난 속에서도
웃음꽃은 만발하였건만

외나무다리만을 고집하는
서슬 퍼런 세상
잠재울 명약은 무엇이랴

학문으로 터득한 지성이 아닌
등잔불의 교훈
먼저 깨달아 새길 일이다

필승 코리아

올림픽 프랑스 파리
성화의 온도만큼 뜨겁게
달아오른 승부의 열기

무궁화 삼천리 화려 강산
에펠탑 진두지휘 아래
연일 울려 퍼지는 애국가

선열들의 혼이 서려서랴

선수들의 자부심과
당찬 기백
마르스 광장 들썩이는
박진감 넘치는 경기력

과히 내세울 만한
자랑스러운
대한의 보배로운 아들딸

불꽃처럼 타오르는 위상
영원 하리라
필승! 필승 코리아

황혼의 꿈

산도 무너뜨릴
패기 왕성한 젊음의 기백

험난한 가시밭길도
꽃길인 양 여기며
걸어온 세월

지구 온난화로 인한
폭염 속에
화려했던 청춘의 봄
까맣게 잊겠거니

부질없는 두려움과 초조함
허황된 꿈일랑
뜬구름에 실려 보내고

솔향기 맴도는
한적한 오솔길 따라

산울림도 청아한
산새 울음 벗 삼아

행복의 나래 펼지니

이정표

주어진 세월
분량과 길이는 같으나

철학의 개념과
사상적 취향은
각기 달라

올바른 선택은
환희의 고지를 향해
고난길도 감내한다

불명예의 오판은
불평을 쏟으며
헛발 내딛어
험난한 벼랑으로
추락할 뿐

가시밭 관문
참고 견디노라면
머잖아
융단 길 펼쳐지리니

묵묵히 정도의 길
밟음이
마땅하리다

화려한 이별

적 황 갈색 조화를 이룬
삼색의 향연

온 산을 화려하게
수놓은 단풍꽃

불타오르는 정열
주체하지 못해
환희의 물결 넘실거리다

첫눈 세례에 덮여
호호백발 되었거니

엇박자 정국

적개심의 골 깊이 파여
경계의 벽
한없이 높아져

학문과 지성으로 닦은 덕망
엇박자 늪에 빠졌다

어둠의 터널 지나
빛은 다시 찾아오련만
소용돌이에 휘말려
부표 없이 표류중이다

갈등과 반목 속에
목청 터져라 외쳐대는
상반된 항변

요란한 빈 수레에
치유의 향기 가득 실어
오명이란 불명예 씻기고

단군의 얼 되새겨
민족의 위상
반석 위에 드높일지니

유형별 81가지 물 타령

어긋난 도리는 금물
감추고 싶은 허물. 부단하게 취득한 장물
응고되는 핏물. 살점 아리는 진물
중독성 있는 약물. 철부지의 콧물
날갑지 않은 진딧물. 쓸모없이 버려진 고물
쇠붙이의 부식된 녹물. 식견이 좁은 속물
더럽고 지저분한 오물. 사람보다 못한 동물
느림보 꾸물꾸물. 보일 듯 말 듯 아물아물
생각날 듯 가물가물. 어눌한 말투 어물어물
작은 손놀림 조물조물. 큰 손놀림 주물주물
망설이다 우물쭈물. 답답한 언행 쭈물쭈물
간사하고 사악한 요물. 성질이 음흉한 흉물
쓸모가 다한 폐물. 감정에 복받친 눈물
백성이 나라에 바친 공물. 깨끗해진 세탁물

가장 받고 싶은 선물
금은보화 보물. 사랑의 증표 예물
취하고 싶은 소유물. 주거 공간 건물
가슴 두드리는 낙숫물. 샘솟는 천혜의 샘물
풍년을 기약하는 빗물. 공동 우물
생명의 양식 곡물. 특산품 중의 명물
제철 채소와 과일 한물. 운반 물품 화물

밥을 짓는 밥물. 시래기국에 쌀뜨물
속풀이 해장 국물. 소의 먹이 소여물
참된 일꾼 마중물. 선비의 관록 먹물
잘생긴 실물. 참신한 인물
상위 직책 윗물. 영향력을 갖춘 거물
세탁제 양잿물. 태동하는 만물

후세에 남겨진 유물
흥을 돋우는 민속 사물. 쇳물로 제작한 주물
바다의 생명체 해물. 어획의 일등공신 그물
보에 고인 봇물. 스스로 자생하는 생물
상수도의 단골손님 수돗물. 추해진 구정물
좁은 개울의 도랑물. 유유자적 흐르는 강물
강과 시내의 아랫물. 강이나 내에 흐르는 갯물
밀려오는 밀물. 밀려 나가는 썰물
밍밍한 맛 맹물. 덤으로 끼어든 첨가물
달콤하게 유혹하는 단물. 보약처럼 쓴물
물을 즐기는 식물. 논밭에서 가꾸는 농작물
명주실로 짜낸 견물. 털실로 얽고 짜는 편물
엿기름으로 우린 엿물. 금은 옥 장식품 패물
살림살이에 필요한 기물. 신비스러운 영물
꽃잎의 진액 꽃물. 마지막 수확 끝물

금물에서 끝물에 이르도록
나열하고 분석한
다양한 물의 정체성

우리네 일상 속 어느 한 가지
연관되지 않은 물 없으랴 마는

정도에 따라 근접하지 말아야 할
물도 있느니

온 세상 아름다운 꽃물 들여
행복해질 수 있노라면

한 해의 끝물 알찬 결실 맺도록
최선의 노력 다할 일이다

유형별 133가지 수 타령

바다와 호수 강 따위에 담겨 있는 천연수
지열에 의해 데워진 온천수. 지면으로 솟아난 용천수
신분이나 처지에 알맞은 분수. 여러 갈래 물이 모여 합수
땅속 스며든 지하수. 이른 새벽에 길은 우물물 정화수
한강의 옛 이름 아리수. 한자 부스 氺의 이름 물 수
따뜻한 물 온수. 여과기에 걸러진 물 여과수
얼음 조각에 첨가물을 섞은 빙수. 청량음료 소다수
더러워진 물 오수. 화학 물질 따위로 더럽혀진 폐수
고기를 삶아 낸 육수. 흐르는 물 유수
바둑 등에서 요행을 바라고 두는 까딱수. 더러운 물 하수
범죄의 목적을 달성 못한 미수. 범죄 사실을 자수
값진 물건 따위를 잃은 손재수. 꾀어넘기는 수단 꾐수
삼루 내야수 삼루수. 운수 대박 재수
아우의 아내 제수. 형님의 아내 형수
마음속 깊은 골수. 자궁의 양막 속을 채우고 있는 양수
대단하고 중요한 일 대수. 결정을 내릴 수 있는 정족수
이치에 맞지 않은 행동 무리수. 가늠할 수 없는 일 미지수
노래 부르는 직업 가수. 대학생을 가르치는 교수
여러 사람의 우두머리 영수. 의원이 앉는 의석수
혼인할 때 필요한 혼수. 눈 비 따위로 지상에 내린 강수
부주의로 저지른 실수. 법의 절차대로 국가 소유로 몰수

은하를 강물에 비유한 일상적인 말 은하수
인류 구원의 구세주 예수. 복을 빌어 주는 예식 안수
푸른 산 맑은 물 청산유수. 오래 생존함 장수
타고난 수명 천수. 승전고를 알리는 나팔수
자신의 신념에 의해 투옥된 양심수. 격려와 칭찬의 박수
같은 수 동수. 손을 들어 예의를 표함 거수
세관 몰래 밀수. 차지한 것이나 의지를 지킴 고수
땡전 한 푼 없는 백수. 풍습과 전통을 고수하는 보수
집단의 우두머리 총수. 사회적 역량 있는 일꾼 기수
군민의 최고 수장 군수. 교도관의 이전 말 간수
직업적 운전하는 운전수. 새와 짐승을 아울러 조수
목을 벰 참수. 상대의 말이나 행동에 대응하는 응수
원수를 갚음 복수. 꼭 필요로 함 필수
정세나 상황의 가변적 요인 변수. 수의자리 자릿수
공격의 주된 임무 공격수. 죽음 무릅쓰고 사수
교도소에 갇힌 죄수. 사람의 수를 속되게 이르는 머릿수
둘 이상의 수 복수. 자신만을 위해 논에 물대는 아전인수
치사한 수단과 방법 꼼수. 생각할 수 없는 절묘한 묘수
연의 한복판 구멍의 밑부분 꽁수. 마음속 깊은 골수
브라질 무술의 하나 주짓수. 남을 꾀어서 속이는 속임수
한 가지 일에만 매달리는 외골수. 악당의 우두머리 괴수
인간의 능력을 초월한 운수. 떡 팔아 생계 잇는 떡장수

날의 수 일수. 날씨 따라 기온과 습도 수치 불쾌지수
적은 소유 소수. 있던 곳에서 장비나 시설을 거듭 철수
오동도 달 밝은 밤 여수. 헤아릴 수 없을 만큼 부지기수

그리운 추억의 향수
수수의 열매 수수. 암컷과 수컷을 이르는 말 암수
열매의 나무 과수. 석가가 불도를 깨달았다는 보리수
갈증을 해소해 주는 야자수. 밀가루 등을 가늘게 뺀 국수
민물고기로 끓인 어탕국수. 해산물을 넣어 만든 해물칼국수
맑은 장국에 고명을 얹은 잔치국수. 낱으로 셀 때의 개수
섬유의 꼬인 정도 꼬임수. 어떤 정세의 가변적 요인 변수
남을 꾀어 내편으로 매수. 감당하기 어려운 생각 무리수
화물의 중량 톤수. 물건이나 권리 따위를 넘겨받음 인수
같은 수 동수. 대단하고 중요한 일 대수
함정의 앞머리 부분 함수. 꼭 필요로 함 필수
사물의 가장 본질적 부분 진수. 국내에서의 수요 내수
층의 개수 층수. 길이를 재는 단위의 하나인 치수
객지에서 느끼는 시름 여수. 아홉이 들어 있는 아홉수
스며들거나 넘치는 물을 막는 방수
길들여지지 않은 야수. 성질이 몹시 사나운 짐승 맹수
사건 따위의 가짓수 건수. 1초 동안 되풀이되는 주파수
도로가에 심겨진 가로수. 가냘픈 여자의 손 섬섬옥수

날카로운 짧은 칼 비수. 공중에서 적지에 투입 공수
이질적 섞임이 없는 순수. 손을 마주잡음 악수
총으로 짐승 잡는 포수. 대표로 뽑혀 출전하는 선수
평으로 따진 넓이 평수. 실무 따위를 갈고닦음 연수

눈을 호사시켜 주는
아름다운 자연이며

세상의 어떠한
화려한 장식품도

수로 끝나는
생명수보다 더
소중하리요

우리네 일상에 밀접한
133가지 수를
여기에 나열하며

그 소중함의 가치를
되새겨 보랴
얼씨구절씨구
흥타령으로 엮어봤느니

요행수일랑 물 건너
띄워 보내고

온수처럼 따뜻한 세상
만들어가요

추억 속의 수채화

김재기 제10시집

초판인쇄 / 2025년 4월 1일
초판발행 / 2025년 4월 5일
발행인 / 김영선
지은이 / 김재기
발행처 / 흔맥문학출판부
        서울시 서대문구 통일로 479-5
        등록 1995년 9월 13일(제1-1927호)
        전화 02)725-0939, 725-0935
        팩스 02)732-8374
        이메일 hanmaekl@hanmail.net

값/15,000원

잘못된 책은 구입하신 서점에서 바꿔 드립니다.

ISBN 979-11-93702-21-5